Geometrische Sinne

Nicole Frischlich

Geometrische Sinne

Ich danke Dir für Deine Stimme und Deine Ohren und Deine Hand, die mich immer festhält!

Und ich danke meinen Eltern für das, was sie sind!

Bibliografische Information der Deutschen Nationalbibliothek:
Die Deutsche Nationalbibliothek verzeichnet diese Publikation in der Deutschen
Nationalbibliografie; detaillierte bibliografische Daten sind im Internet
über http://dnb.d-nb.de abrufbar

© 2013

Herstellung und Verlag: BoD - Books on Demand GmbH, Norderstedt

ISBN: 9783732230358

Wenn man im Mittelpunkt einer Party stehen will, darf man nicht hingehen.

(Audrey Hepburn)

Monolog des Autors

Schreibe ich Worte, wie ich lebe!
Oder vielmehr möge ich eher leben,
wie ich schreibe?

Substanzlos, erscheint mir so beides.
Sogar eher unwahrscheinlich.

Jedoch wage ich es!

Und so lebe ich!
Und trotzdem
schreibe ich!

Doppelmoral

Die wachen Augen Deines Gegenübers
umkleiden dieses spitze Lächeln
umkreist von der großen Nachbarschaft.

So groß der Charme, so weise die Worte.
Was darfst Du?
Was darf ich?
Was dürfen wir?

Der Fingerzeig auf die Moral der Menschen.
Hin und her.
Her und hin.
Wo steckt der beste menschliche Sinn?
Was hat Dein Vorfahr Dir versprochen?

Ein Leben,
mit Wagnis, Mut und Unverstand.
Niemals waren diese Werte zerbrochen.
Wer wagt,
gewinnt
und verliert
doch Spaß.

All´ Deine Träume zerronnen im Sand.
So lief der eine falsche Schritt.
So voller Glück auf unbekanntem Weg.
Wer wagt das Urteil klug zu fällen?
Wer trägt Moral durch diese Welt?

Vor und zurück,
Zurück und vor.
Das Wort, das gilt
Du selbst zu sein.

August

Der August, der so herrlich scheint
nieder auf unsere Häupter.
Wir sind so wunderbar vereint.
Idylle, Seen, Wald ein jeder Ausflugsort!
Sommer, nimm unsere Hände und eile an Bord.

Zusammen lass´ uns fliegen, lass´ uns springen!
Lass´ uns feiern und bunte Lieder singen!

Dieser Monat wird das Leid des Winters versüßen.
Sonnengestärkt und frohen Mutes werden wir Dich begrüßen.

Du August, so warm und heiß Du uns vereinen magst,
vergessen, verloren das klagende Wort, wie Du es sagst.

Im Grünen liegen wir, Körper an Körper am kühlen See.

Ich erlebe Genuss, ich erlebe Dein sattes Leuchten,
bis ich Dich im nächsten Jahr hoffentlich wiederseh!

Metereologische Lösung

Die Menschen lamentieren im Winter über die Kälte, im Sommer über die Schwüle, im Herbst über die Nässe!

Die Tage dazwischen, wo die Münder schweigen ...da scheint alles richtig zu sein!

Mit oder ohne

Im Winter nehme ich Deine Hand.

So laufen wir über Eis und Schnee.

So kalt es ist.

So eisig fegt der Wind!

Ich halte Dich fest.

So fest, so sicher!

Gemeinsam suchen wir das grüne Land,

bis wir es endlich wiedersehn!

So wie die blauen Tage einst vergangen sind!

Die Liebe, die Liebe, sie wache umso herrlicher!

Wie süss das Leben ist

Wenn die Sonne hell am Himmel steht,
ein laues Lüftchen Dein Haupt umweht.
Wenn all´ die Stunden gefüllt mit Farbe sind,
weht garantiert irgendwo ein eisiger Wind.

Er bleibt ungefühlt.
Er bleibt in der Ferne.
So hast Du das Leben gerne!

Wenn sehnsüchtig der Hunger der Liebe nagt,
niemand hat es Dir jemals zuvor gesagt.
Wie süß das Leben ist,
wenn Du nicht alleine bist.
Wenn die Sonne am Horizont lacht
und all die Schandtaten bewacht.

Es bleibt nichts vergessen.
Es bleibt nichts allein.
Süßes Leben, bleib auf ewig mein!

Verliebt und Ausgeliebt

Da steht sie.
Sie winkt
zu ihm.
Er kommt gerannt.
Ein Lächeln
in ihrem Gesicht.
Sehnsucht bemalt
ein Bild des Glücks.
Vier Arme umschlingen
sich,
so offensichtlich.

Da steht er.
Im Inneren
zerrissen.
Seine Stimme lügt.
Die Augen
wandern fern.
Zwei Herzen sind sich fremd.
Im Kopf
die andere Frau,
der neue Duft.

Da stehen sie.
Verliebt und ausgeliebt.
Niemand redet
über das tapferste Jetzt.
Keiner wagt den
Schritt zum neuen Start.
Vertraut sind die Farben,
so einfach ein Schweigen.
Soll es nun ewig so bleiben?

Die Untiefen der Moral

Abends zu so später Stunde hob sie die Hand und ging.
Sie drehte den Kopf.
Ein Lächeln flutete durch den Raum.

Es war der Moment, an dem alles anfing ...!

Die dunklen Gestalten zogen den Dolch und zerstachen den Traum.
Durch die kristallklare Winterluft hallte ihr Schritt.
Kaum ein Mensch lief noch durch die Dunkelheit der Welt.
Die Stimme flüsterte von der Seite: "Hey Mädchen, nimmst Du mich mit?"

Der Mann sprang aus der dunkelsten Gasse.
Er war ihr Held.
Sie blieb stehen und lachte auf, umarmte den geliebten Mann.
Ein flüchtiger Kuss, ein Händedruck ein Lachen.
Zwei Menschen im Glück.

"Glaubst Du, dass ich Dich eines Tages heiraten kann?"

Er nahm ihre Hand und hielt ihr Gesicht und ging keinen Meter zurück.
Sie drehte sich wie ein Kind, riss die Arme hoch und lachte.
Eine Träne lief aus seinem Auge.
Das Leben mit ihr war so honigsüß und leicht.

Alles wurde still, so schwarz.
An der Straßenecke, als es plötzlich krachte.
Blutjunge Leben!
Ein Mensch, der stumm hatte sein Ziel erreicht.
Er ballte die Faust, lachte laut auf und sah auf das rote Blut.
Sein Mädchen wird nie wieder mehr eines anderen Körpers wärmen und beglücken.
Unlängst hatte er diesen Tag gewählt.
Verraucht ist nun die gestauchte Wut.

Die Reifen quietschten.
Die Nacht wurde schwärzer!
Ihr anderen Frauen seid bloß auf der Hut!

Das Leuchten

Gibt es nur einen beleuchteten Weg?

Vermutlich.
Im Wissen zu sein.
Es gibt Pfade,
Es gibt Wirrungen,
Es gibt Verirrungen.

Aber es geht stets voran,
Auch, wenn sich das Glück verkleidet
und das Herz im Schmerz
all´die anderen beneidet.

Aber,
geht es denen besser?

Nur der Mensch trägt die Brille der Sorgen,
ganz tief sitzend auf seiner Nase
und malt die Fragezeichen in die Flüchtigkeiten der
Momente seiner
klaren Gedanken.

Der Showstar

Erst tritt er im glitzernden Anzug auf.

Das Publikum jubelt und applaudiert.

Dann legt er das Jackett ab.

Danach lockert er seine Krawatte,
vergisst die Gesichter.

Plötzlich sieht er aus,
wie einer von uns.

Er verharrt
im Scheinwerferlicht
des Hochgenusses.

Wenn die Kinderseele fliegt

so zart
so leicht
so unbeschwert
bis
die dunklen Stimmen
aus der Ferne
rufen
und der Ernst
des Alterns
die Freiheit
mit Laub
bedeckt.

Randfigur

So starr
steht sie da!
So ohne Mut.
Im Bauch größte Wut.
Erblickt so ein anderes Leben!
Wann wird es
so etwas für sie geben?

So still
ihre Stimme spricht!
Leicht und ohne Gewicht!
Fahl die Farben,
blass und grau.

Keine Schönheit,
diese Frau.
Am Rand ihr Platz
aus dem Mund
formt sich kein Satz!

Am Rand da blieb
sie stehen.
Müssen noch viele
Winter vergehen?

Stumme Tiefe

Tief in einer Tasche liegen alle meine Versprechen.
Mein Herz, meine Passion und mein Lächeln.
Manches ganz ungeschickt verbunden, versteckt.
Wie eine dumme Fälschung, sorgsam bedeckt.

Tief in der Tasche leuchtet mein Lachen.
Es versucht das Licht der Sonne zu bewachen.
Ein Seufzer: Dieser Schmerz wiegt zu schwer.
Als ich zu Euch sprach: Ich muss nun gehen.
Ihr musstest das nicht verstehen!

Ich verlies das Leben, fuhr durch die Nacht.
Ich verlies die Stille, fuhr mit Glück und Bedacht.
Mich trägt der Wind.
Wiegt mich sanft wie sein junges Kind.

Tief in einer Tasche dieser alte Spiegel liegt.
Wenn ich ihn umdreh´, ein anderes Leben siegt.
Ich umkralle dieses schöne, schwarze Leder.
Es trieft so voller ungeweinter Tränen.
Muss ich das jemals erwähnen?

Tief in der Tasche kämpfen die Ungerechtigkeiten.
Durch die mein Verstand, meine Seele gelangten.
Ich singe stumm mit der Stille ein Duett.
Als ich zu Euch sprach: Ich muss nun gehen.
Das werdet Ihr niemals verstehen.

Ich verlies dieses Leben, jagte durch die Nacht.
Ich verlies die Ruhe, brach auf und Ihr habt gelacht.
Mich trägt der Wind,
so sorgsam wie ein junges Kind!

Das Ziel ist nicht weit.
Ich wusste es war so weit.

So lange die Reise

Wage nicht zu flüstern!

Ich werde Deine Stimme sein.

Du brauchst Dich nicht mehr fürchten.

Nie mehr!

Ich zeichne mit dem Licht in Deinem Schatten,
geleite Dich, egal wie weit die Reise geht.

Viveamus mea compare

Lass uns leben, mein Geliebter, und uns lieben!
Lass uns pfeifen auf das Gerede der Älteren.
Denn die Sonne wandert hinauf und fällt herunter.
Wenn aber unser Licht erloschen ist,
werden wir auf ewig so sanft ruhen.

Gib mir tausend Küsse und noch Hundert
dann noch mal Tausend, und ein zweites Hundert
Schenk mir noch einmal Tausend und Hundert!

Und wenn wir sie zu Tausende erlebt habe,
werden wir sie alle durcheinanderbringen,
bis wir den Überblick verlieren.

Somit
kein anderer wird vom Neid erfasst, wenn er erfährt,
dass es so viele Küsse waren.

ADIEU

Dein Lachen klingt verkehrt.
So leer und laut.
Die Zeichnung des Weines Flecks
umgeben von fehlenden Knöpfen.
Alles stößt mich ab.
Deine vielen Gesichter.
Geliebter, Dein Fehlen, Dein Mund.
Während Du Worte suchst,
seufze ich ...

Und Du, Du stirbst.

Adieu

Drohtest einst mit der Tür des Verlassens.
Fortan meine Tränen brannten.
Dein Gesang unserer Erinnerungen, so leise.
Nun, mein Liebling ...
Dort schwingt die Tür.
Doch ich hauche das Wort.

Adieu.

Sei nicht im Glauben, dass Du siegest!
Lass uns munter Freunde bleiben!
Das wäre lieb. Das wäre das Beste.
Doch Freunde zähle ich genug, Du weißt.
Ich habe von Dir nichts mehr zu erwarten.
Meine Tritte auf die Schwärze der Nacht;
der Dämmerung wird sie weichen.
Ich wache auf ...

Und Du, Du stirbst.

Adieu

Wagtest meine Hand zu halten.
Deine Lippen schmeckten nach ihr.
Deine Stimme hallte stumm aus dem Gestern.
Nun, mein Liebling ...
Nun ist es still.
Ich bin allein.

Adieu

Er liebt mich immer noch und du, du liebst mich ein bisschen mehr.

Ich kann die Wahrheit nicht glauben

Würde die Welt anfangen zu leuchten,
wenn das ärmste Geschöpf keine bittere Pillen mehr
schluckt?

Könnte jemals der nagende Hunger gestillt sein,
wenn die dicken Glieder nur noch bewegungslos
liegen?

Wäre die zelebrierende Dunkelheit der Seelen
jemals schweigend in diesem durchsichtigen Licht?
Wann wäre der Augenblick des flüchtigen Ruhmes
erreicht?

Meine Gedanken wandern über
das ausgetrocknete Afrika,
über das frische Blut blinden Terrors,
durch die willkommene Pforte
der Verwirrtheiten und Schwächen.

Geschenke, übergebt den Konsequenzen Eure Gnade,
bis liebvoll eine Stille eingekehrt sein wird!

Würde der Mensch seine Schuldzuweisungen je beenden?
Diese den anderen so primär als Gottheit zu verbreiten?

Wie wäre die Einzigartigkeit der Existenz
des einzigsten Moments in der menschlichen Intelligenz?

Wie würde die tiefste Sünde verblassen,
wenn der Geschändete sich um dieser wie Balsam umklammert?

Wie würden die Töne erklingen,
wenn sie nur noch einzeln gehört werden könnten?

Meine Gedanken wandern über
das fragende Indien,
über die Weltmacht der Sternennation!

Durch die Irrungen der politischen Geflechte
hinab in die Täler des wirtschaftlichen Unrechts.

Umjubelt die Worte der bitteren Niederlage,
bis liebvoll die Stille eingekehrt sein wird.

Warum verbirgt der Moment sein Gesicht,
wenn die Beine tief gefallen sind?

Könnte sich jemals an das gestraffte Glied
des Glaubens verzehren?

Wie würde der Moment erschallen,
wenn der ausgebrannte Staub zum Nichts verweht?

Wie wäre es, nicht mehr solch einen Masochismus zu wählen?
Wie schillernd wären die Tränen,
wenn das Herz den Schmerz vergrault?

Wäre es nicht gerecht
das Ende diesem friedvollem Tod gleichzusetzen?

So dankt dem niemals zu erlebenden Weltfrieden!
Dankt den ruhmreichen im Schatten sitzenden Vorhersagungen!
Dankt der verrückten Desillusionierung!

Vergesst nicht mit Dank diesem Nichts zu danken!
Dankt der unerreichbaren Perfektion des Verstandes!
Dankt der niemals einkehrenden Stille!

Alles schweigt still hier!

Ein neues Jahr

Ein neues Jahr scharrt mit den Füßen
so mag der Mensch einen jeden grüßen.

Eigens mit spartanem Vorsatz auf neuem Pfad!
Kein schwerstes Jahr mehr, wie er so manches hatt´-

Was vermag der nächste Tag verkünden?
Den Rundlauf, altbewährt, der tiefsten Sünden?

Das süßeste Glück, den Sonnenschein
im festen Zusammenhalt oder allein?

Vermutlich wird es überraschen und in Eile vergehen
Zum Gück kann niemand in die Zukunf sehen!

Das EINE und das ANDERE

Die Waagschale wurde so prall gefüllt,
das menschliche Lächeln sich in Schweigen hüllt.

Es tobt der Sturm, so prall und mächtig.
Was wäre der Mensch mit seiner Güte so prächtig?

So sehr fasziniert das Leben des anderen,
als würde es durch den eigenen Tag wandern.

Vergib Dir...

Für jeden, der misshandelt wurde.

Ich hoffe,
Du weißt, dass andere die Fehler machten.
Du warst nicht wertlos.
Du warst nicht dumm.
Du wurdest und wirst geliebt.

Du hast eine Stimme
und die ist wunderschön.
Benutze sie, spreche laut und deutlich.
Lass Dir von keinem Menschen Angst machen.
Schwöre keinem die Treue,
der den Schmerz von Dir verlangt.
Sei einfach Du,
denn Du bist wunderschön.
Egal, was die anderen sagen.

Egal, was die anderen denken.
Du begeisterst die Gesichter, die Dich sehen.
Du bist kein Freak.
Weißt Du,
Du bist einzigartig.
Weißt Du,
Du bist etwas, was wir wertschätzen.

Alles, was Du tun musst,
ist an Dich zu glauben.
Und vergiss all´ die boshaften Handlungen
der Gehässigen.
Du bist stärker als die
mit ihren wankenden Geistern.
Gib niemals auf.

Du kannst es, weil die anderen falsch liegen.
Wenn sie an Dir zweifeln,
Dich traktieren oder beschimpfen.
Weißt Du,
Du bist wunderschön.
Du bist intelligent.
Du bist einzigartig.
Und Du bist speziell.
Du bist nicht alleine!
Niemals!
Du hast uns alle.
Sieh in unsere Gesichter!
Wir werden Dich niemals aufgeben.

Liebe
die Menschen, diesen Ort,
an dem Du gehörst.

(Inspired from IAN BURGESS)

Behutsamkeit

Hüte Dein Leben.

Atme wie eine Blume,
ersehne das Licht

und überdecke die Kälte!

Lass mich Dich halten

Beeile Dich, flüstert diese Stimme.
Du wirst nicht mehr länger alleine sein.

Mein Atemhauch umarmt Dich ganz nah.
Wie so viele Male zuvor
und auch beim nächsten Mal.

Ich bin hier um Dein tropfendes Herz zu heilen.

Heute Abend halte ich Dich fest.
So fest und weiß,
dass uns niemals etwas je trennen wird.

Die Algebra des Lebens

Frage für Nichts.
Antworte auf Alles.

So funktioniert das Leben!

Glaube nur an Deine Stärke!
Glaube nur an Dein Vertrauen!

Jeder Morgen hat einen neuen Sonnenaufgang.

Frage für Nichts.
Antworte auf Alles.

Versuche zu verstehen,
dass es niemals eine Lösung geben wird
um diese Rechenaufgabe, das Leben, zu lösen.

Garantiert

In den Fußstapfen nun, so steh ich gut,
denn ich kenne sie aus dem Gestern.

Das Morgen spricht so sanft und leise
über den Kampf und vom tollkühnsten Mut.

Ich mag nicht starten zu einer neuen Reise,
wie ein Indianerkind ertrunken im blutigen Western.

Was fasziniert die anderen Gesichter?
Denn es ist nur Grau, was in mir scheint.
So strahlende Farben im wärmsten Raum
kämpfen ungestüm an gegen die schwachen Lichter.

Ich mag nichts sehen, mag nichts verstehen.
Auch keine Träne, die um mich weint.

Steh´im Lebenskleid im feinsten Stoff, im dunkelsten Raum
und hege das Wagnis der Gleichgültigkeit.

Ein langer Weg

So lang war mein Weg.
So lang dauerte die Reise.
Ich wurde müde.
Ich bin geschafft.

Meine Knochen verzehren sich vor Schmerz.
Explosionen jagen durch meinen Kopf.
Es sind so viele Erinnerungen.
Ich wandere sie ab, immerfort.

Ich gehe über all´diesen Schmerz
und renne über jene Zufriedenheit.

Manchmal alleine.
Manchmal mit einer haltenden Hand.
Manchmal mit einem Menschen,
der mir sein Herz schenkt.

Ich habe niemals etwas vermisst.
Ich habe mich nie beklagt.
Ich habe meine Augen geschlossen
und werde meine Träume leben.

Ich werde auf Dich warten.

Der Wind

Um die Ecken zog er.
Ihr wurde kalt.
So spät die Stunde.
Der Tag im letzten Atemzug.
Still wurde es, so leise.
Kaum ein Mensch zu sehen.
In Gedanken fühlt sie seine Arme.
Diese Starken und so Warmen.

Der Wind, er flüstert seine Worte.
Sie lauscht und weiß Bescheid.

Kauernd sitzt sie auf der Bank.
Nur morgen wird es anders sein.
Sie lächelt still und weint zugleich.

Der Wind wird stärker.
Er fegt und braust.
So wie ein neues Leben.
Würde man das je verstehen?
Warum manchmal die Guten gehen?
Sie glaubt es nicht.
Was war geschehen?

Die Wolken jagen.
Ihr ist so kalt.
Die Nacht singt eine leise Melodie.
Sie schließt die Augen,
sieht sein Gesicht.

In den Ohren hallt sein Wort.
Warum ging er einfach ohne sie fort?
Vielleicht wird sie ihn wiedersehen.
So sagt es der Trost und der Verstand.
Sie glaubt es nicht.
Was war geschehen?
Warum kann sie ihm nicht in die Augen sehen?

Um die Ecken zog er.
Es hat keinen Sinn.
Es gibt auf solch´ Frage keine Antwort.
So manchmal hat das Leben keinen Sinn.

Es raubt das Gute
und sendet Leere.
Es ist so kalt.

Eine starke Frau

" Hoffe das Beste,
rechne mit dem Schlimmsten"
Diesen Rat schrieb er in ihr Leben.

Noch klein war sie,
wirkte zart und flink,
aber
ihr Eigensinn schon ganz oben hing.
Seine Worte hatten gepocht,
so mächtig, so kräftig,
wie ein Donnerschlag.
Zugehört hatte sie zwar,
aber die Welt, sie schwieg,
wenn man einfach uneinig war.

Älter werdend wählte sie ihren Weg.
Er trieb sie in die Ferne, in die Weite.
So mancher Mann verschlang ihr Lachen,
gab ihr Wärme und solch´ manchen Tritt,
aber
es war niemals sie, die unendlich litt.
Ehrgeizig ergriff sie den Zopfe
der Eitelkeiten, so feste
mit der Stärke eines Mannes.

Losgelassen hatte sie ´mal,
aber ihr Ziel, es musizierte so leise.
Leb´Dein Leben nur in Deiner Weise.

"Hoffe das Beste,
rechne mit dem Schlimmsten!"

Diesen Rat gab sie eines Tages
in das andere kleine Ohr.

Damals hatte sie es nie verstanden an jenem Ort,
oder doch?

Nun zeigte sich hell, ein jedes Wort.
Seine Worte waren wie eine Blüte.
Sie klangen gut und doch so leer.
Zugehört hatte sie zwar,
aber die Wahl des Lebens war so schwer.

Erst mit dem Alter ist man weise
am Ende einer langen Lebensreise.

PARADOX

Menschlich
sind unsere Eigenschaften.

So oft werfen wir
Gründe ein
für den Krieg,
für den Raubbau
für das Morden
und für den Frieden
oder
gegen den Krieg
und
gegen den Frieden.

Das haben wir
jederzeit parat!

Wenn sie fragen werden sie gehen

Im Puls der Zeit vibriert das Leben der anderen.
Die, die sich vermischen und durch den Asphalt ihres Lebens wagen und die derer Menschen, die auf der ständigen Flucht ihrer ureigenen gefühlten Fremdheiten sind.
Alles vermischt sich, verschwimmt und fließt in einem Strom zusammen.

Jener wachere Geist versteht die Sortierung jener Momente, die er in der farbig sich stetig drehenden Welt aufsaugt und versteht.
Erwacht aus so vielen Momenten, dieser bunten und schwarz-weißen Erlebnissen, die die Grellheit der Sonne und die Tiefenschwärze der Nacht umwärmen.

In der Rotation der Zeit, der größten Not der lebensfragenden Suche verharren sie in den Irrlichtern der Vergangenheit und der Sprache vom Gestern. In dicken Büchern stecken die irreführende Klugheit, die Taten der Tapferen und die Schande der Unvergessenen.
Oft wälzen die fragenden Seelen die staubschweren Seiten. Wenn sie verstehen, werden sie wagen.

Wenn sie fragen, werden sie gehen …!

Der Zufallesfund von einem Parallel Universum

Eine Bewegung
Eine Entscheidung
Ein Schritt
wachsen zusammen
in etwas,
was unbekannt ist.

Denkst Du wirklich
dass es nur diese eine Welt
gibt, wie es in den Büchern
der "vergessenen" und "kommenden"
menschlichen Leben geschrieben steht?

Wir

Nun erzähle ich Dir eine Geschichte.
Sie beginnt mit: Es war einmal …!
Erzähle, wie Du gelebt hast, lebst
und sterben wirst.
Eine Phase in dieser Welt,
in der der Tod das Leben ist.

Glaube niemals Alles, was Deine Augen sehen.
Alles, was Du verlangst,
ist niemals, was Du brauchst.
Lass uns den Atem anhalten!
Lass uns hochspringen!
Wir werden überleben.
Weil Du die Sonne bist,
die das Licht über mich bringt.

Ist Hoffnung nicht einfach alles,
was jeder fühlen sollte?
Alleine in der Straße stand ich,
als Du mich gefunden hast!
Voller Angst über das Vergangene,
so voller Angst vor dem fragenden Morgen.

Lass uns leben mit dem Moment,
der nun sein Zepter hält.
Machen wir das Beste,
was immer das Beste sein wird.

Erzähle mir eine Geschichte.
So lang und gefüllt mit Wahrheiten.
Wir sind, was unsere Worte sagen.
Wir sind, was unser Handeln spricht.
Sind wir Teile von einem Ganzen?
Wir müssen nur unseren Platz finden.
So durcheinander! So verloren!
Du bist der Mond,
der mich durch die Nacht rettet.

Du bist die Sonne, die mich wärmt.
Du bist der Mond, der mich umfasst.
Du bist mein Licht!

Gemalt

Da haucht der Atem sanft auf ein Nichts.
Die Hände zittern. Sie suchen die Formen.
Leere trägt die Gewänder der Dimensionen.

Noch ist es still und stumm.
Noch tanzt das Weiß allein´.
Schon bald wird die Welt entzückt sein.

Vielleicht mag es noch Jahre verstauben,
die eine oder andere Hand es gierig rauben.
Vielleicht wird es manch´ Seele benebeln
oder den nächsten Tag nicht mehr erleben.
Die Kunst ist ein Wagnis, ein neues Zeichen.
Niemand sollte aus Angst davor weichen..

Die Fußpuren von Sekunden,
die Farben der Lebenslust, der Melancholie.
Niemand weiß, was entsteht oder wie!
Die Kunst bleibt niemals stehen.
Stile und Epochen.

All´ das wird sich auf ewig
munter weiterdrehen!

Stadt

Geboren in einer Stadt
die so berühmt ist
und an der das Blut vom Gestern hängt
Laut ist es
überall ertönen die Sirenen
Die Straßen sind rau
Wenn ich es hier schaffe
irgendwie
schaffe ich es sowieso.
Das ist was die Leute sagen.
Dann sehe ich das Licht in Deinem Gesicht.

Auch wenn es so ausschaut
als hätte ich nur eine Tasche
voller Träume.

Ich bin doch aus der Stadt,
von der die Welt noch morgen spricht.

Geboren in einer Stadt,
die so berühmt ist
und an der das Blut vom Gestern haftet.
Laut ist es.
Voller Gesichter, die Du nur einen Tag
erkennen kannst.

Nicht mehr morgen, nicht mehr in zwei Tagen.
Die Straßen sind rau,
die Nächte so einsam.
Wenn ich es schaffe,
hier in dieser Mitte,
schaffe ich es sowieso.
Das ist es, was die Menschen sagen.
Ich sehe das Licht in meinem Gesicht.

Auch wenn es nur so scheint,
Dein Vorfahr es entschlossen meint,
als trögest Du nur die Tasche
der monochromen Träume
auf dem Irrweg Deiner Lebensreise.

Hörst Du,
ich bin und verbleibe die Stadt,
von der die Welt noch morgen zu sprechen hat

Kleiner Atemhauch

Die Länge des Atems
spüren wir im leisen Sommerwind.
Siehst Du die Engel? Sie schritten voran.
Ihre Gesichter zeigen sich so weiß.
Ahnst Du, dass es viel zu spät ist,
es zuzugeben, dass wir verletzt sind?
Das sterbende Herz voller Erinnerungen, die nur noch blass sind.

Wenn sie mich verloren haben,
dann sei gewiss, ich bin nur noch Dein!
Spürst Du, wenn Dich zwei starke Arme umschließen?
So wiegt der Schlaf des Todes.
Weißt Du, wann das Spiel verloren ist?
Dann ist es so einfach
auf ewig diesem Atemzug zu folgen.

Der Regen, er rennt an meinen Schläfen herunter.
Die Lichter flüstern, erzählen vom Niedergang.
Fühlst Du, wie das Leben zärtlich uns umschließt?
Dieses Lachen! Ich höre es kommen und fliehen.
Kleiner Atemhauch, vermutlich sprichst Du zu spät.
Es zuzugeben, dass wir verletzt sind.
Das Herz schlägt nicht mehr wie zuvor,
weil es sanft einschlief.

Nifri

Ein Leben lang

Einst sah ich Dich,
wie Du mich.
Einst sprach mein Wort
zu Deinem.
Vergessen war das andere.
Zusammen galt das Sein.

Einst schworen wir,
wie andere uns anwiesen.
Ein Leben lang,
bloß Frau und Mann.
Vergessen waren die Schatten,
der Zeit und des Erlebens.

Einst tanzten wir
und sogen die Gefühle.
Einst kämpften wir
um unser Recht.
Vergeben war der kleine Makel.
Es war wie Sturm und Sonne.

Einst vergaßen wir
uns anzusehen.
Einst ging ein jeder
seinen Weg.
Ein Leben lang
bloß Frau und Mann.

Was ist daran so schwer?

Pour une petite fortune!

Als ich Deine Augen sah, erblickte ich neue Farben.

Als ich Deine Stimme hörte, lernte ich eine neue Sprache.

Als Du mein Herz berührtest, begann ein neues Leben.

Wir umarmten uns!

Die Füße laufen fortan weiter.

Die Zeit blieb stehen.
Für ein wenig Glück!

Talking about perfection

Sie erledigte alles halbherzig.
So sagten es die anderen.
Flüsterten es hinter ihren
vorgehaltenden Händen!

Den Sprung von der Brücke.
Das machte sie richtig!

========================
Sprechen wir über Perfektion.

Ist es erstrebenswert perfekt zu sein?
Ich konnte manchmal erkennen, dass viele
Menschen, die von ihren Ängsten gefangen sind
ganz besonders perfekt sein wollen.
Es ist für sie harte Arbeit und sie werden
es nie erreichen.

Wir müssen nicht perfekt sein.
Wir können unsere Fehler machen
und es ist wichtig, dass wir verstehen,
dass es unwesentlich ist, was ein
anderer Mensch in Dir sieht oder
verlangt, wie Du sein solltest.

Es ist umso wichtiger ein tieferes Verständnis
zu entwickeln, wer Du bist.
Für Dich!

Nimm´ Dich als der Mensch an, der Du bist.
Mit all´ Deinen Schwächen, Deinen Fehlern,
Deinen "verrückten" Ideen, aber auch mit
Deiner Stärke und Deinem Wissen.

Sei einfach menschlich!
Diese Erkenntnis wünsche ich jedem Menschen!

PHOTOGRAPHY
nifri

La Solitudine (Der Dialog mit der Einsamkeit)

Wenn der Tag der Tage
angebrochen ist,
die Kindheit ist nur noch fern.

Augen wandern ohne Frage.
Dann vergib ihm seine Klage!

Schon bald wird es vermisst.
Vielleicht von einem Herz,
was schon lange nicht mehr schlägt.
Zu tief sitzt dieser Lebensschmerz.

Die haltende Hand,
die Stimme, die flüstert, so leise.

Die Liebe vielleicht nur kurz verlegt.
Die Einsamkeit ist zu oft eine lange Reise.

Ihr Ende naht so schnell und still.

Wie schnell doch oft die Zeit vergeht!
So ruhig,
so friedlich,
wie ich es will!

Das Wachstum von Licht

Aus der unsteten Mitte flüchtet das Unwesentliche durch die Täler der verschwommenen Zeiten zum wesentlichen Morgen.

Dort, wo die Sonne aufgeht!
Dort, wo das Licht erstrahlt und eine Hand auf Dich wartet!

Festhalten solltest Du sie ...!

Bewusst und Unbewusst

Man kann beim Abschied
weinen oder lachen.

Man kann sprechen
oder schweigen.

Oder mit einem Taschentuch
winken.

Ohne an den Abschiednehmenden
zu denken.

Man tut es.
Man ist es so gewohnt.

Bis man selbst
Abschied nehmen muss.

Befreiung

*Befreiend ist es
zu erleben,
dass jeder neue Morgen
nie mehr aus dem Gefängnis
des Gesterns winken wird!*

Weihnacht´

Der Trubel sich dem Ende neigt.
Ein Stress und Streit hatte sich so oft gezeigt.
So volle Läden, so viele Gesichter
inmitten der Städte ihrer bunten Lichter.
Die Zeit, sie rennt und dreht das Rad.
Kinder, sind wir nicht schon lange satt!
Was haben wir nicht alles schon in unserem Schrank?
Unsere Gier, unsere Wünsche machen uns nur alle krank.

Das Wesentliche sehen wir schon lange nicht mehr.
Unsere Seelen suchen das Glück doch immer sehr.
Es ist nicht das bestverpackteste Geschenk!
Es ist nicht das teuerste Mahl!

Es ist nicht das Händeschütteln ohne Blick!
Warum verstehen die Menschen das Fest nicht mehr?
Die Nachrichten im alten Jahr noch klug erzählt!
Warum habt ihr nicht den anderen Weg gewählt?

So viele Menschen mit leeren Gesichtern
und doch sehen genau diese noch die buntesten Lichter.

Was ich möchte…

Gerne hätte ich das,
was ich nicht habe.
Lieber würde ich lachen,
wenn schwere Tränen tuscheln.
Umso tiefer würde ich schlafen
wenn Rastlosigkeit die Nacht erhellt.
Meine Stimme spreche lauter
in den Räumen des eisigen Schweigens.

Was bin ich,
was ich nicht bin?

Wozu atme ich den Saft des Lebens?
Warum begehe ich den Weg, der endlos führt?

Gerne täte ich das,
was ich nicht kann.
Lieber würde ich verweilen,
wenn tropfende Arbeiten mich überrennen.
Umso ehrlicher würde ich Euch begleiten,
wenn die Zäune der Angst scheinbar schützen.

Mein Herz klopfe lauter
in der Welt der eisigen Gesichter.

Was bin ich,
was ich nicht bin?
Wozu strebe ich nach dummer Perfektion?
Warum warte ich auf das Licht, dass niemals scheinen wird?

***Das was ich ablege,
bildet den Boden,
aus dem ich wachse!***

Geometrie der Sinne

So saß sie da und wagte ein Zurück.
Zurück auf all´die vergangen Tage.
Sie waren sehr schön. Das ist keine Frage.
Es pustete gelegentlich der Schmerz
und manchmal zogen Wolken ums Herz.
Doch oft schien die Sonne.
Man schenkte Ihr Lachen.
Also würden sie Ihre Sinne bewachen.

Sie zog Kreise,
baute Quadrate,
rannte im Dreieck
oder liebte den Quader.
Immer floss Leidenschaft
durch ihre Ader!

Sie saß nur da und überlegte.
Zurück auf all´Ihre unüberlegten Taten.
Sie waren nicht schlimm. Sie lernte zu warten.
So manches Mal brauste ein eisiger Wind.
Sie träumte, sie wäre wieder ein Kind.
Doch oft war sie voller Unsicherheit.
Es schien ihre Zeit des Glücks wäre bald so weit.

Sie malte Kreise,
zeichnete Quadrate,
flüchtete ins Dreieck
und entdeckte den Quader.
Immer sah sie im Spiegel
den quirligen Hader.

Sie sitzt noch da und weiß genau.
Zurück wird niemals ihr Gestern sein.
Dafür ist der Platz des Lebens zu klein.
Verrückt ist es, über das Damals zu sinnieren.
Es gibt doch nichts mehr zu verlieren.
Warum muss sie die Sinne verstehen?
Sie sollte doch lieber bloß danebenstehen.

Das alte Gesicht

Irgendwann sahen sie sich,
wie sich nicht jeder sieht.
Sie liebten sich und gaben sich Trost.
So versprachen sie sich eines Tages das "Ja"!

Sie wuchsen zusammen,
teilten Tränen und Bett.
Die Jahre vergingen.
Die Zeit lief ihr Rennen.
Das Neue wurde alt.
Die Tage zerronnen zur Monotonie.
Ihre Makel wurden zur Laster.

Irgendwann saß sie in einem Café.
Dort sprach er sie an.
Das Alte verschwamm
und Neues begann.
So heimlich trafen sie sich,
Begierde entflammte.

In der Nacht plagte ihr Gewissen,
zwischen ihnen entstand eine Mauer.
Hitziger Streit begann.
Ein Zusammensein sah sie nicht mehr.
Es verlockte die Gier des neuen Mannes.
Das Alte entglitt immer mehr.

Irgendwann waren die Koffer gepackt.
Er saß nur da im Salz der Tränen.
Wieso war das Lieben so schwer?
Wieso war sie einfach fortgegangen?
Nun wurde sein Sehen so schwarz
und der Wind flüsterte nur noch leise.

Die Zeit verstrich, ein Tag wie der andere.
Sein Herz verstand.
Das Leben könnte wieder sonnig sein.
Er sah erst Ihr Lächeln,
dann roch er ihren Duft.
Fortan war er vor Lust wieder gefangen.

Irgendwann zog sie bei ihm ein.
Nun war er nicht länger allein.
Er liebte sie. Sie gab ihm Trost.
So schloss er fest die Augen ...
und blickte in das "alte Gesicht".

Stadtfluss

Durch die zentrale Mitte rennt
die Menschenmenge zu jeder Tageszeit.

Ein jeder jeden oftmals kennt;
das fremde Gesicht der Wahrheit.

Der Tratsch, das Neue leise gesagt
von der jungen Frau zum alten Herr.

Der Bettler hätt´ so gern sein Leid geklagt.
Hier ist doch jeder "Wer!"

Im Sumpf der Stadt, der materiellen Welt,
in der Gasse der Reichen und Armen
wird jeder irgendwann zum Held.

Wieso sollte man Euch warnen?

Gnadenlos

Wir sind jung.
Wir sind wild.
Wir pfeifen auf
den Morgen.

Wir rebellieren.
Wir verlieren.
Wir besiegen
jede Nacht.

Wir sind mutig.
Wir sind laut.
Wir vergessen
jedes Gestern.

So sind wir.
Nur nicht mehr lang´.
Bald sind wir groß.
Und das Leben
gibt uns seinen Stoß.

Armes Kind

So blutjung warst Du,
da gerietest Du
in den Kampf des Überlebens.
Armes Kind,
so autodidaktisch
schafftest Du Deine Sorgen
zu verschleiern.
Niemals stand ein Freund
an Deiner Seite.
Du bliebst stets allein.

Armes Kind,
Vertrauen sahst Du nur
in Deinem eigenen Ich.
Nie wagtest Du um Rat
zu fragen.
Nie nahmst Du eine helfende Hand.
Keiner würde verstehen,
Warum Du nie gefragt hattest.
Armes Kind,
Du hattest nie gefragt
um das mögliche" Nein" zu vermeiden.

So blutjung warst Du,
so voll´ unerbittlichen Ehrgeiz,
Du wusstest stets, was zu tun ist.
Armes Kind,
Du ahntest, dass Du niemals einen Platz
in dieser Gesellschaft haben wirst,
wie es andere von Dir erwarten.
Du erkanntest
die Fehler Deiner Eltern.
Du sahst,
wie ihre Liebe starb.
Armes Kind,
Du fragtest nie:
"Habe ich das getan?"
Vermutlich hätten sie JA gesagt.

Du warst erst zwölf,
da zog Dein Vater aus.
Verlies Euch mit einem Wimpernschlag
und nicht mit Geschrei.
Armes Kind,
vermisst hattest Du ihn nie mehr.
Das machte er sofort klar.
Du warst alleine in Deiner Verwirrung.
Armes Kind,
dumm wie Du warst so dachtest Du, so liefe das
Leben.

Du dachtest Ihr Kind würde sie auf ewig vereinen.
Sie begann ihr Leben neu als er sie verlies.
Ihr Bett ist niemals kalt geworden.
Als jemand einzog, verriegeltest Du die Tür.
Jemand war da, der genauso schlug,
wie der Vater zuvor.

Du warst so jung,
wähltest die Straßen der Ausdauer.
Du hattest ein Spiel zu spielen.

Armes Kind,
so voller Wissen und Hunger.
Es war so leicht zu gehen.

Armes Kind mit keiner jener Waffen,
keiner Verteidigung, keiner Flucht,
die Dich beschützte.
So warst Du immer ein Schritt zu spät.

So jung
hattest Du ihr nie gesagt,
dass Du mit ihr fertig warst.
Du warst nur ihr Kind.

So jung
ist niemand für immer.
Nichts bleibt ohne Veränderung.

Armes Kind
Du könntest alles bekommen,
was Du Dir wünschst,
wenn die Vorbereitung stimmt.

Armes Kind
im Rücken diese Nachlässigkeit der Mutter.
Was sie vermisste,
was sie verlor
als Sie Dich gehen ließ.

Armes Kind,
Du würdest Dich wundern
wenn sie es erkennen tät.

Es rief sie nie an.
Nur für denn Fall, dass sie gefragt hätte:
"Wer ist denn da?"

Manchmal ist der Moment ein Punkt der tiefsten Stille!

Funke

Wie ein Funke springt
das Licht,
die Liebe
die Wärme
über die Brücke.

So klein leuchtet es.
So winzig lächelt es.

Doch es wird gesehen,
von jeder Gestalt,
die sich umdrehen kann.

Ich fühle...

Wenn ich zu Dir reise,
klopft mein Herz
und die Stimme flüstert leise.
Ich spüre tiefe Verbundenheit,
jenes Gefühl der Freude
und Ergriffenheit.

Ich könnte weinen.
Ich möchte lachen.
Es ist ein seltsames Gefühl.
Jenes Gefühl von Glück und Schmerz.

Ich bin dort,
wo etwas in mir flüstert:
"Hier bist Du zu Hause!
Hier lebt Dein Herz!"

Tosende Wellen,
das Salz sprüht in der Luft.
Scheinbar endlos ruft das Meer
mir zu.
Sanft berührt es meine Seele
und tröstet leise.

Ich fühle,
wenn ich zu Dir reise.

Ablehnung

Eure Hände bewegen sich tuschelnd.
Die Münder verstummen stillschweigend
in dem Moment,
wenn ich danebensteh´.
Ihr könnt mich sehen.
Ihr wollt nicht verstehen,
warum die Welt für mich eine andere ist.

Es war einmal ein Anfang.
Begegnungen mit Charme und vielen Fragen.
Dann jener Moment,
als ich den Raum betrat.
Ihr konntet mich sehen.
Ihr wolltet mich nicht mehr verstehen.
Die Welt sollte nur noch Eure sein.

Was denkst Du klüger?
Was redest Du schlauer?
Oder handelst Du besser?
Doch keine Fragen hört der Tratschende.
Was tat ich anders?
Warum steh´ich allein?
Oder bin ich mit Schlechtigkeit vereint?
Aber keine Anklagen hört der Urteilende.

Eure Körper schleichen stolz.
Die Augen erblicken die Ferne
in dem Moment,
wenn ich danebensteh´.
Ihr tragt meinen Wert.
Ihr wollt nicht mehr sehen,
dass ich in Eurer Mitte steh´.

Der Tanz

Die Nacht wiegt in ihrer Ewigkeit.
Du bringst mich nicht mehr zum Lachen.
Nicht mehr.
Nicht länger.

Doch bleibe, verharre,
auch wenn Du schwer atmest
und von Nähe erzählst,
suche ich den Frieden.
Aus Deiner Nähe rieche ich den Hass.

"Du bist die Einzige!",
hast Du sanft in mein Ohr gestrichen.
Mein Verstand lief da schon lange
auf der anderen Straße.

Tanz´, so tanz´,
ohne dass ich Dich lieben muss.
Ich bin nicht länger mehr Dein.
Du nicht mehr mein.
Dann,
wenn der Tag sich erhellte..

So tanz´ und tanz´
ohne die Hand der Aufforderung
von mir.
Ich werde Dich morgen nicht
mehr sehen wollen.
Auch ohne mich kennst Du das Ende.

Unversucht hast Du nie etwas gelassen.
Die Blumen, die Drinks, Dein schiefes Lachen.
Auch Reime werden Dich nicht siegen lassen.
Und weit entfernt
von meiner Stadt
suchte ich den Ausgang
aus Deinem Haus.

Tanz´, so tanz´,
ohne dass ich Deine Hand halten muss.
Ich habe leise Adieu gesungen.

Und aus Deinen Lippen,
die mich einst so rasend machten,
versuchen Deine Worte nicht einmal
mehr zu gefallen.
Die Sonne hat sich niedergelegt
nieder auf Geschichten
ohne Halt.

Being an artist

Being an artist is like painting your life every day with a new color!

Spazieren

All´ die jungen Herren und Damen
spazieren die Straßen entlang.
All die jungen Herren und Damen
kennen das Glück der Gemeinsamkeit.

Augen schauen in Augen.
Hände halten Hände.

Sie verlieben sich ohne die Angst vor dem Morgen.
Aber,
wenn ich alleine die Straße entlang laufe
mit meiner einsamen Seele
ist alles so still.
Ich bin alleine und es gibt niemand,
der mich liebt.

Meine Tage sind wie meine Nächte.
Mit all´ ihrem Respekt.
Keine Freude, nur Ärger.
Niemand flüstert mir
"Ich liebe Dich" in mein Ohr.

All die jungen Herren und Damen
schmieden Pläne für ihr Morgen.
All die jungen Herren und Damen
wissen sehr gut, was Liebe spricht.

Augen schauen in Augen.
Hände halten Hände.

Sie verlieben sich
ohne Angst vor dem nächsten Morgen.

Wie die jungen Herren und Damen
werde ich auch bald wissen,
was Liebe ist?
Ich würde mich wundern,
wenn der Tag käme!

Oder die Augen, die in Augen schauen.
Oder die Hände, die Hände halten.
Ich möchte das glückliche Herz

ohne Ängste vor dem Morgen sein.

Unser Weg

Auch wenn uns nur das Eine verbindet,
das Miteinander sich immer wieder verwindet.
Ich ging rechts, Du ranntest geradeaus.
Einst wuchsen wir auf im selbigen Haus.
Wir wussten wir sind nicht ständig zu zweit,
durchfochten so manch´ hitzigen Streit.

Doch dann hielten wir fest
gegen den unerbittlichen Rest.

Den Feind für mich hast Du besiegt, so voller Mut.
Deine Augen blitzten nicht selten mit großer Wut.
Standest größer im Schein Deines Kindseins.
Ich hatte behauptet alles sei meins.
Du zerbrachst mein liebstes Stofftier.
Nur Du hast gelacht, wähltest das Wir.

Doch wir hielten uns fest
gegen den unerbittlichen Rest.

Auch wenn wir nun viel älter sind,
waren wir doch ein glückliches Geschwisterkind.
Ich zog in die Welt, Du bliebst am Ort.
Allzu oft vermisste ich Dein Wort.
Wir durchschritten unser Täler, erklommen den Berg.
Wir bauten je unser eigenes Lebenswerk.

Doch wir hielten uns fest
gegen den unerbittlichen Rest.

Und doch gingen wir gemeinsam einen Weg!

In acceptance of your own way of acting, I think there are sometimes situations in your life where you should feel guilt after you had acted by the seat-of-the-pants and you had made a mistake or had done something wrong. You wouldn´t recognize it if you wouldn´t have the ability to feel how it is, feeling guilty.

This very valuable feeling shouldn´t make you become sick or feel bad, because you should force yourself to recognize your chance to change minds or act in a way you wouldn´t complicate your own life. It´s just some kind of motivation of becoming a better person or become wiser. The very real honesty to yourself in every direction gives you the strength of believing how unique you and everybody else in this world is. Of course we all deserve a good life!

Vorwärts

23 Uhr und ich fliehe von der Arbeit
und beginne den Kampf mit der Einsamkeit.
Ich zähle die Autos, die Ampeln, die Lichter
auf meinem Rückweg durch die Dunkelheit.

Auf dem Armaturenbrett schreiben die Kinder:
" Dad, geh´ bitte nicht weg von uns!
Mama wird schon bald wieder lachen!"
Ich sehe das Foto hoch oben an der Kante
vom Spiegel im Flur.
Mit Ecken, mit Rissen.
Wir küssen und alle!
Wir lachen.

Halte das Lenkrad fest und führe uns!
Mit letzter Kraft halte ich die Richtung.
Und wenn ich gleich das Haus erreiche,
wage ich wieder nicht zu halten.
Nur nicht stehenbleiben.
Nur nicht stoppen.

Ich weiß, wie sehr ich sie alle liebe.
Durch all´ meine Fehler,
die ich tat,
lernte ich zum ersten Mal
diese Einsamkeit kennen.

Überall sehe ich Lebendigkeit,
erblicke Gesichter und Paare, Familien!
Im Theater auf der Loge,
an der Kasse im Supermarkt!
So wie ein Unternehmer, der schon bald
nach dem nächsten Auftrag begehrt.
Und so suche ich nach einem wahren Wunder,
einem nächsten herzlichen Großvater.
Alles änderte sich in einer Nacht.

Ich will nicht aus dem Auto steigen.
Ich möchte nicht in mein kaltes Haus hinein
und auf dem neuen, weißen Sofa sitzen
und die Flecken vom Kaffee betrachten.

Halte das Lenkrad fest, so führe mich!
Ich bin so plötzlich abgerutscht.
Und wenn ich gleich mein Haus erreiche,
wage ich nicht den Schlüssel zu drehen.

Nur nicht das Licht erhellen!

"Ich mag nicht so sehr diese gestellt, wirkenden Porträts.Was ich in Dir sehe, versuche ich zu entdecken.Mich fasziniert es weniger, ein Lächeln zu fotografieren.Nein! Nein!Ich bevorzuge diesen inneren, ganz besonderen Ausdruck zu sehen!Erst dann finde ich diese Worte, die tief aus der Seele sprechen.Das ist, was ich liebe!"Innigkeiten berichtet über die Spuren meines Lebens, das Gesehene meiner Augen und der Erfahrung am Abgrund gestanden zu haben!

(Nicole Frischlich)

Nähere Information auch im Internet

www.nicole-frischlich.de

Bisher erschienen:

Nicole Frischlich: Innigkeiten

Broschiert: 216 Seiten
Verlag: Books on Demand; Auflage: 1 (21. November 2012)
Sprache: Deutsch
ISBN-10: 384822691X
ISBN-13: 978-3848226917
Größe und/oder Gewicht: 19 x 12 x 1,6 cm

KOKONIERT

Im Winter 2013 wird die Autobiographie erscheinen.

"Kokoniert"

Eine Leseprobe

Manchmal haucht das Leben laut,
selten leise.
Manchmal baut es Mauern
und sie scheinen unüberwindlich!

Etwas berichtet...

In vielen Momenten legt sich eine Hand auf meine Schulter, vorsichtig und mit Bedacht. In Gedanken drehe mich um, schaue mich um und betrachte die Tage. Jene Tage, die alle hinter mir liegen. Düster liegen sie in einer schwach sichtbaren Ferne. Fast verschwimmen sie, aber noch sehe ich sie. Wie ein Mahnmal scheinen sie aufgebaut. Möchte ich mich an diese Tage erinnern? Möchte ich sie stets im Rücken fühlen? Möchte ich diese Tage durch mein weiteres Leben schleppen? Vielleicht. Vielleicht auch nicht. Wenn ich aber genauer nachdenke, erkenne ich, dass diese Tage ihre Wichtigkeit hatten.

Alle, so wie ich sie erleben durfte …

Ich denke viel nach. Immer schon. Es gibt keine für mich greifbaren Themen. Sie schwimmen heran, verlangen von mir betrachtet zu werden. Ich drehe sie. Ich wende sie. Ich versuche aus ihnen zu lesen, zu wachsen und zu lernen. Nicht immer gelingt es mir. Nicht immer verstehe ich sie. Manchmal greife ich mit der Hand nach ihnen, erwische sie.

Wir berühren uns und wir verstehen uns.

Kindheit

Kinderaugen schauen sich die Welt jeden Tag mit einer solch´ großen Neugier an. Überall gibt es neue Erfahrungen zu sammeln und zu entdecken. An jeder Ecke lauern Erlebnisse. Überall. Natürlich war auch ich ein solches Kind. Die Welt schien greifbar und wunderbar spannend. Aber es gab auch schon diese Momente, in denen ich Angst verspürte.

Ich wuchs als Einzelkind auf. Wir lebten in einer modernen, neu gebauten Siedlung am Stadtrand. Viele junge Familien lebten nun dort. Hochhäuser, große Häuser, die fast alle gleich ausschauten. Reihen von Mehrfamilienhäusern zogen Linien durch diesen Stadtteil. Alle Häuser nach gleichem Strickmuster gebaut, kaum ein Unterschied. Wir hatten einen Vorteil. Zwischen dem Hochhaus, in dem ich aufwuchs und der nächsten Reihe hatte man einen Spielplatz errichtet. Dort traf man sich! Langeweile gab es nicht. Es waren immer Kinder da. In unserem Haus lebten sogar Kinder nahe meinem Alter. Zicken, schüchterne Mädchen, ältere Mädchen, verwöhnte Gören, Scheidungskinder. Kontakt fand ich daher immer schnell.

Den Erwachsenen, denen ich begegnete, beschrieben mich als aufgewecktes, naseweises Kind.

Aufgeschlossen und kontaktfreudig. Ich war redselig und kannte auch keine Scheu. Ich stellte Fragen, aber kannte auch die Grenzen, um die „Großen" nicht allzu sehr zu nerven. Nicht selten fiel der Satz: Sie redet wie eine Erwachsene. Aber doch war ich pflegeleicht. Eine unbändige Fantasie begleitete mich. Ich malte, zeichnete, spielte Rollenspiele, bastelte …! Mit meinen ständigen Ideen, Enthusiasmus riss ich alle Kinder mit. Ich war aber auch ängstlich, scheute das Alleinsein und war es gewohnt im Mittelpunkt der Familie, zu stehen. Vier Großeltern richteten alle Aufmerksamkeit auf ihr Enkelkind.

Gar stolz waren sie über dieses aufgeweckte, lebhafte Mädchen. Jede ihrer Bewegungen, Kletterversuche wurden beobachtet und begleitet.

Überbehütet! Ich wurde überbehütet. Genauso fütterten sie meine Ängste. Kletterte ich auf ein höheres Spielgerüst, stand ich nicht selten oben an der Spitze und fühlte, wie mich etwas erstarren ließ. Ich schaute in angstvolle Gesichter meiner Familie, die Angst zeigten.

Oft kletterte ich also sofort zurück. Ich kletterte nicht weiter, denn ich hatte Angst. Sie stoppte mich. Sie stoppte mich schon damals. Aber ich hatte es noch nicht gewusst.

Unten stand mein Großvater und ich sah die Angst und Sorge in seinen Augen, dass ich herunterfallen könnte!

Ich hatte Angst vor dem Alleinsein. Meine Eltern durften abends nicht ausgehen und mich alleine zu Hause lassen. Ich lamentierte, weinte, jammerte. Meinem Willen wurde daher stets nachgegeben.

Durchgesetzt hatten sie sich, soweit ich mich erinnern kann, Ein - Zweimal. So fanden sie eine andere Lösung. Ich wurde also meist zu den Großeltern gebracht. Dort war ich sowieso gerne. Besonders bei den Eltern meines Vaters. Mein Opa trug mich auf Händen. Ich fühlte mich dort so wohl. Es gab viele Wochenenden in meiner Kindheit, die ich dort von Freitagsabend bis Sonntag verbracht habe. Ich hatte dort Narrenfreiheit. Direkt unterhalb meiner Großeltern wohnte ein etwa ein Jahre älteres Mädchen.

Wir waren gerne zusammen, obwohl wir sehr unterschiedlich waren. Sie war scheuer, schüchterner, ruhiger. Ich hingegen war lebhafter, aufgeweckter. Vielleicht verstanden wir uns aus diesem Grund so gut. Noch als Teenager trafen wir uns gelegentlich. Zwar seltener, aber der Kontakt brach bis zum Erwachsenenalter nicht ab.

In den Kindergarten bin ich gerne gegangen. Er lag in unmittelbarer Nähe eines Waldes und einem Ententeich. Ich habe fast nur schöne Erinnerungen an diese Zeit. Etwas Wehmut hatte ich, dass ich bei „Aufführungen" nie habe singen dürfen. Ich wollte immer so gerne, aber es wurden immer andere Kinder ausgesucht.

Meine ersten Niederlagen, die ich aber mit Stolz trug. Ich konnte verlieren. Die Hoffnung habe ich aber nie aufgegeben gehabt. Bei jeder neuen Wahl hoffte ich, dass ich endlich auch einmal die Chance bekommen würde.

Leider bekam ich sie nicht. Vermutlich konnte ich nicht gut singen und wäre eine Qual für die Ohren der Erwachsenen geworden. Jedenfalls wurde mir zumeist ein rhythmisch begleitendes Musikinstrument in die kleinen Hände gedrückt.

Ich freute mich auf die Schule. Je näher der Tag der Einschulung rückte, desto eifriger wurde ich. Buchstaben begannen mich zu faszinieren. Stundenlang saß ich schon am Küchentisch und malte Buchstaben. Ich malte sie ab und fragte nach ihrer Bedeutung. Einige kurze Worte prägte ich mir ein. Als ich also endlich den lang ersehnten Schultag erleben durfte, kannte ich schon so einige Buchstaben und konnte so manche Worte malen.

Besonders im ersten Schuljahr langweilte ich mich oft sehr. Es ging mir nicht schnell genug. Mein Wissensdurst war groß. Viel größer als mir die Lehrerin gerecht werden konnte. Ich wurde sauer. Irgendwann begann ich im Unterricht, zu malen. Teddybären. Was sollte ich mir die Mühe machen und meine Finger heben, wenn mich die Lehrerin doch nicht zu Wort nahm?

Meine Zeichnerei blieb natürlich auch von der Lehrerin nicht unbeobachtet und so wurde meine Mutter in die Schule zitiert. Ich mochte die Lehrerin aber. Sehr sogar. Sie bezog mich in das Gespräch mit ein. Das war sicherlich nicht selbstverständlich. Sie versuchte mir zu erklären, dass es Kinder gibt, die mehr Aufmerksamkeit brauchen. Diese Kinder lernen nicht so schnell und sie möchte nicht, dass diese Kinder „dumm" bleiben. Sie sähe aber auch ein, dass ich mich langweile. Sie versprach mir, mich in Zukunft mehr zu beachten.

Sie behielt Wort! Ab diesem Moment machte mir die Schule wieder Spaß und mein Lerneifer war ungebrochen.

Fortan wurden die Schultage noch schöner! Ich war Klassenbeste. Es gab kaum ein Fach, was ich nicht mochte oder mir schwerfiel.

Fast selbstverständlich schien das Lernen für mich zu sein. Oder brauchte ich gar nicht lernen? Mit Niederlagen musste ich mich erst einmal nicht auseinandersetzen. Sie folgten aber. Im Sportunterricht.

Irgendwann stand Geräteturnen auf dem Stundenplan. Ich erlebte Angst auf diesen Geräten und war blockiert. Ich schaffte es nicht, wie nahezu alle anderen Kinder mit einer Leichtigkeit über manche Geräte zu klettern oder über sie zu springen. Irgendetwas stoppte in mir. Ich fühlte eine Lähmung. Ich versuchte es von mir zu schieben. Ausreden zu finden. Hier legte ich meinen ersten Grundstock dieser Angst aus dem Weg zu gehen. Ihr ja nicht zu begegnen.

Als ich neun Jahre alt war, erklärten mir meine Eltern, dass sie wegziehen möchten. Sie möchten ein Haus bauen. Schon wenige Monate später wurde das Leben hektischer. Sie waren abgelenkt. Der Bau des Hauses bestimmte den Alltag. Ich freute mich, aber spürte auch eine große Unsicherheit in mir. Wir werden in einem anderen Stadtteil wohnen. Das Haus entstand in einem Neubaugebiet. Viele Häuser gab es dort noch nicht.

In der Schule hatten wir einen Lesewettbewerb veranstaltet. Jedes Kind hatte vorlesen müssen.

Wir lasen alle jeweils eine Passage in einem Buch vor und alle anderen mussten bewerten, wie gut wir gelesen hatten. Irgendwann stand der Sieger fest. Ich hatte gewonnen. Ich hatte mich sehr darüber gefreut und mit großem Stolz hielt ich das dicke Buch entgegen, welches mir die Lehrerin samt Widmung übergab.

Ob die neue Schule auch so schön werden würde?

Irgendwann ist der Tag da - im schlimmsten Fall der Tag, an dem Du überhaupt nicht mehr vor die Tür gehst, gehen kannst!

*In Momenten, in ganz bestimmten, bricht es ein.
Ein Mensch, gelandet in einem Lebensmoment von
Handlungsunfähigkeit erlebt das Leid größer Not.*

*Das psychische Trauma krallt ihn fest, weil es
just in diesem Moment entsteht, in dem das Opfer
von unauslöschlicher, unvergesslicher und dramatischer
Macht hilflos gemacht wird. Sei es die Macht der Natur,
die ihre unabdingbare Stärke erkennen ließ. Sei es ein
anderer Mensch, der diese gewaltige Macht ausübte.*

*Der Mensch der Katastrophen oder Gewalttaten erduldet
liegt in einem mächtigen Geflecht und stellt sein soziales
Netz aus, dass gar so wichtige für jenen
Menschen. Es entreißt Menschen das Gefühl von
Kontrolle, Zugehörigkeit in seiner systematisierten
Welt unabdingbar von großer Wichtigkeit Beziehungen
zu anderen Menschen aufzubauen oder gar den
Lebenssinn zu sehen und zu halten.*

Ich glaube daran stark zu bleiben, wenn alles verkehrt zu laufen scheint. Ich glaube die glücklichsten Frauen sind die schönsten Frauen. Ich glaube daran, dass morgen ein anderer Tag ist und ich glaube an Wunder!

(Audrey Hepburn)